かんたん！おいしい！

野菜をたっぷり食べる
スープ

田村つぼみ

CONTENTS

キャベツ

にんじん

ブロッコリー

玉ねぎ

トマト

Column

スープジャーレシピ

大根

CONTENTS

Column

だしのとり方

スープで
たっぷり野菜を食べよう！

健康維持のためには「1日にとりたい野菜の量は350g以上」と
厚生労働省は、かかげています。1食分にすると約120gですが、
実際には、それだけの野菜をとるのは難しく、野菜不足になりがちです。
そんな野菜不足解消に、おすすめなのがスープ！

鍋いっぱいの野菜も
スープにすると……

野菜のかさが
ぐんと減って
たくさん食べられる！

1食分の目安＝約120g以上の野菜やきのこがとれるレシピをご紹介。
バラエティ豊かなスープで野菜をたくさんめしあがれ！

野菜
1人分
約**148**g

野菜
1人分
約**155**g

野菜
1人分
約**137**g

野菜と合わせる『うまみ食材』

スープに欠かせないのが肉や魚介類などの『うまみ食材』。
うまみが溶け出した味わい深いスープで野菜をおいしく食べられます。
どんなものがあるか本書のレシピの中からピックアップしています。

肉

薄切り肉
バラ肉などを加えるだけで、
うまみあふれるスープに。

鶏もも肉
炒めてから煮ると、うまみが
よりいっそう出る。

鶏手羽元
切り込みを入れておくと、う
まみが出やすい。

ひき肉
少量だけでもコクのあるスー
プに。肉だんごにしても。

ベーコン
脂身のしっかりあるタイプが
スープ向き。

ウィンナー
切って使うと、よりうまみが
スープに溶け出す。

スパム
塩味を多く含むので、味を見
ながら調整を。

サラダチキン
鶏のうまみと味つけをそのま
まスープに活用。

鶏ささみ缶
手軽に鶏肉のうまみがきいた
スープができる。

魚介類

鮭
味噌やクリームとよく合う強いうまみが出る。

塩タラ
白身魚のうまみに加え、塩気がスープの味つけに。

ホタテ
ボイル以外に、冷凍のものでも十分にだしが出る。

タコ
あっさりしたうまみと弾力のある独特の食感が魅力。

シーフードミックス
手軽に使えて、魚介のうまみが詰まっている。

桜えび
香ばしい香りづけにもなり、一石二鳥。

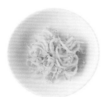

しらす
うまみと塩気をプラス。ちりめんじゃこで代用しても○K。

鮭フレーク
うまみと塩気が加わるほか、彩りにもなる。

ツナ缶
クセがなく、さまざまな野菜と相性抜群。

サバ缶
少しクセがあるので味の濃いスープに向く。

鮭缶
うまみがたっぷりの汁ごと使うのがおすすめ。

アサリ
殻つき以外に、水煮を活用するのも◎。

豆製品

大豆の水煮

たんぱく質も豊富。下ごしらえ不要で使いやすい。

納豆

味噌味のスープに加えると、うまみが相まって格別。とろみも出る。

厚揚げ

大豆のうまみと適度な油分がコクをプラス。

漬け物・乾物

キムチ

独特の辛みと酸味で味わい深いスープに。

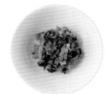

高菜漬け

ほのかな酸味とピリッとした辛みが特徴。

梅干し

酸味がさっぱりとした味つけに活躍。

メンマ

ごま油の香りと塩気が◎。食感もアクセントになる。

塩こんぶ

うまみの塊。塩気が強いため、使う量を調整して。

干ししいたけ

スライスタイプなら、そのまま入れるだけで使える。

アレンジ広がる『トッピング』

食欲をそそる香り、目にもおいしい彩り、ピリッとした辛み……、
トッピングを加えると、スープの楽しみ方がぐんと広がります。
いろいろと試して、お好みの味を見つけましょう。

風味や彩りを加える

バジルやパクチーなどの香りの強いハーブ類は、スープの印
象をがらりと変えます。スープとの組み合わせを楽しんで。

バジル

パクチー

青ねぎ

三つ葉

ドライハーブ

ゆずの皮

糸唐辛子

本書の使い方

写真で主要な材料を紹介しています。
材料の重量は、皮や芯などをのぞく
可食分で表示しています。

各レシピで摂取できる1人分の「野菜」
「きのこ」の量です。なお、本書では、
いも類・豆類・海藻・乾物を野菜に
含めていません。

味に変化をつける

食べながら途中で加えることで、ひと味ちがったスープに。
残ったスープを別の日に食べるときにも、おすすめ。

粉チーズ

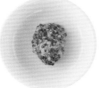
粒マスタード

レモン

バター

辛みをプラス

ピリッと辛い七味唐辛子に、さわやかな辛みのゆずこしょう、
辛みのタイプもさまざま。お好みの味にアレンジを。

七味唐辛子

ゆずこしょう

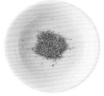
さんしょう

ラー油

食感も楽しめる

アーモンドやくるみなどのナッツ類やフライドオニオンは、
歯ごたえがアクセントになり、かぐわしい香りも加わります。

ナッツ類

フライドオニオン

ごま

＊大さじは15cc（mℓ）、小さじは5cc（mℓ）、1カップは200cc（mℓ）です。
＊野菜・いも類でとくに記載がない場合は、洗う・皮をむく・ヘタや芯を取るなどの工程を終えてからの手順を掲載しています。
＊火加減は、とくに記載がない場合は中火を基本としています。加熱時間は目安ですので、様子を見ながら調整してください。

＊材料の赤味噌は、味噌でも代用できます。分量は味を見ながら調整してください。
＊電子レンジの加熱時間は600Wの場合のものです。
＊ 44-49ページのスープジャー向けレシピは、使用するスープジャー本体の取り扱い説明書にしたがったうえで活用してください。

キャベツ

和風だしやコンソメなどとの相性もよく、
スープに加えると甘みがいっそう際立ちます。
かさが減ってたくさん食べられるのもうれしい！

メインディッシュにもなる豪快なひと皿

焼きキャベツのまるごとスープ

材料（2人分）

キャベツ……小1/2玉（450g）
ベーコン（ブロック）……60g
レモン……小1個
バター……30g
水……2カップ
クリームチーズ（室温に戻す）……60g
塩……小さじ1/2
ドライハーブ（バジル）……小さじ1/2
フライドオニオン……適量

野菜
1人分
約 **225**g

作り方

1 キャベツは芯がついたまま4等分の大きなくし形に切る。ベーコンはそぎ切りに、レモンは薄切りにする。

2 フライパンにバターとベーコンを入れて熱し、バターが溶けたらキャベツを入れて、焼き色がしっかりとつくまで両面焼きつける。

3 水を入れてフタをしてひと煮立ちさせ、そのまま5分ほど煮込み、クリームチーズを入れて溶かす。

4 塩とドライハーブで味をととのえ、レモンを入れてひと煮立ちさせて、すぐに火を止める。

5 器に盛り、フライドオニオンを散らす。

桜えびのうまみがキャベツにしみこむ

キャベツと桜えびの塩こうじスープ

野菜
1人分
約 **140**g

材料（2人分）

キャベツ……250g
はんぺん……50g
三つ葉……30g
水……2カップ
A 桜えび（乾燥）
　　……大さじ2
　塩こうじ……大さじ1
　和風だしの素……小さじ1

作り方

1 キャベツは細切りにする。はんぺんはひと口大に、三つ葉は2cm幅に切る。

2 鍋にキャベツと水を入れてひと煮立ちさせ、はんぺんとAを入れて混ぜ、味をととのえる。

3 火を止めて、三つ葉を入れ、さっと混ぜる。

食物繊維たっぷりでおなかすっきり

キャベツと糸こんのカレー味噌豆乳スープ

野菜
1人分
約 **138**g

材料（2人分）

キャベツ……150g
セロリ（葉も含む）……50g
パプリカ（赤）……1/2個
スパム……50g
糸こんにゃく……50g
水……1カップ
A｜味噌……大さじ1強
　｜カレー粉……大さじ1
　｜コンソメ……小さじ1
調整豆乳……1カップ

作り方

1 キャベツ、セロリ、パプリカ、スパムはすべて千切りにする。

2 糸こんにゃくは長ければざく切りにし、鍋に入れて乾煎りし、水分を飛ばして、くさみを取る。

3 2に1と水を入れてフタをしてひと煮立ちさせ、Aを溶き入れてなじんだら、豆乳を加えて、さらにひと煮立ちさせて火を止める。

15

スープをチーズにかけて溶かしながらいただく

キャベツと鶏肉のコチュチーズスープ

材料（2人分）

キャベツ……200g
にんじん……30g
玉ねぎ……1/2個
鶏手羽元……4本
サラダ油……小さじ2
水……2カップ
A｜コチュジャン……大さじ2
　｜酒……大さじ2
　｜砂糖……小さじ2
　｜しょうゆ……小さじ1
　｜鶏ガラスープの素……小さじ1
卵……2個
溶けるチーズ……2枚

作り方

1 キャベツは3cm幅のざく切りに、にんじんは短冊切りにする。玉ねぎは1cm幅に切る。鶏手羽元は骨に沿って切り込みを入れておく。

2 鍋にサラダ油を熱して鶏手羽元を入れ、焼き色がついたら水を入れてフタをし、3〜4分煮る。

3 1の野菜を入れてフタをして、再びしんなりするまで加熱し、Aを加えて味をととのえる。

4 スープを鍋に少し残して具材を器に盛り、卵を直接スープに割り入れてひと煮立ちさせる。好みのかたさになったらスープとともに器に盛り、チーズをちぎってのせる。

野菜

1人分
約 **165**g

納豆が溶け込んだトロトロのやさしい味わい

キャベツとニラの納豆味噌汁

野菜
1人分
約**140**g

材料（2人分）

キャベツ……250g
ニラ……30g
ひきわり納豆……1パック
豚ひき肉……100g
片栗粉……大さじ1
水……2カップ
味噌……大さじ2

作り方

1 キャベツは3cm幅に、ニラは1cm幅に切る。納豆は添付のタレとからしし、片栗粉を加えて混ぜておく。

2 鍋に豚肉を入れて炒め、色が変わってきたらキャベツと水を入れてひと煮立ちさせ、アクを取りながら加熱する。

3 キャベツの色が変わってきたら納豆を加えて全体がとろっとするまで加熱し、味噌を溶き入れて火を止め、ニラを加えて混ぜる。

ふわふわたまごがキャベツの甘さを引き立てる

キャベツとトマトのふわふわたまごスープ

野菜
1人分
約 **170** g

材料（2人分）

キャベツ……200g
トマト……1/2個
オクラ……4本
水……2カップ
A｜白だし……大さじ2
　｜しょうゆ……小さじ1
卵……1個

作り方

1 キャベツとトマトは1cm角に切り、オクラはガクとヘタを落として1cm幅の小口切りにする。

2 鍋に水とキャベツを入れてひと煮立ちさせる。キャベツの色が変わったら、トマト、オクラ、**A**を入れて1〜2分加熱し、野菜だけをすくって器に入れる。

3 鍋に残ったスープを煮立て、溶き卵を流し入れてひと煮立ちさせて火を止め、**2**の器に注ぎ入れる。

19

にんじん

色あざやかで甘みがあり、煮くずれしにくいほか、
加熱すると栄養の吸収率がアップするなど、
スープでとるのに向いている野菜です。

さつまいも入りでホッとする甘さとなめらかさ

にんじんのポタージュ

野菜
1人分
約 **150**g

材料（2人分）

にんじん……大1本（200g）
さつまいも……100g
玉ねぎ……1/2個
ベーコン……1枚
水……3/4カップ
A │ 牛乳……1と1/2カップ
　 │ コンソメ……小さじ2
　 │ 砂糖……小さじ1
　 │ 塩・こしょう……各少々

作り方

1 にんじんはすりおろす（かたくておろしにくい場
合は、ラップで包んで電子レンジで2分加熱する）。
さつまいもは1cm角に切り、水でもみ洗いして耐
熱容器に入れ、ふんわりとラップをかけて電子レ
ンジで3～4分加熱してフォークでつぶす。玉ね
ぎとベーコンはみじん切りにする。

2 鍋に1と水を入れてひと煮立ちさせ、フタをして
弱火で8分ほど煮る。

3 Aを入れてひと煮立ちさせ、3分ほど温めながら
煮る。器に盛り、お好みでしょうをふる。

鮭フレークで味つけするかんたんなシチュー風

にんじんとサーモンのクリームスープ

野菜
1人分
約 **140**g

材料（2人分）

にんじん……1本（150g）
玉ねぎ……1/2個
ほうれん草……30g
鮭フレーク……30g
水……2カップ
A 粉チーズ……大さじ3
　 固形クリームシチュールウ
　 ……1かけ
くるみ（くだく）……適宜

作り方

1 にんじんと玉ねぎは1㎝角に切り、ほうれん草は2㎝幅のざく切りにする。

2 鍋に水とにんじん、玉ねぎ、鮭フレークを入れてフタをし、ひと煮立ちさせて、そのまま8〜10分煮込む。

3 火を止めてAを入れて混ぜ溶かし、なじんだら火をつけてひと煮立ちさせ、ほうれん草を加えて火を止める。器に盛り、お好みでくるみを散らす。

ナンプラーが香るアジアン風味

にんじんとセロリとしらすのスープ

野菜
1人分
約 **150**g

材料（2人分）

にんじん……大1本（200g）
セロリ（葉も含む）……100g
A｜水……2カップ
　｜しらす……40g
　｜にんにく（チューブ）・
　｜しょうが（チューブ）
　｜　……各小さじ2
ナンプラー…大さじ1弱
和風だしの素……大さじ1/2

作り方

1 にんじんは細切りに、セロリは筋を
　取って斜め薄切りにする。

2 鍋に1とAを入れてフタをしてひと
　煮立ちさせ、そのまま4～5分煮込
　む。ナンプラー、和風だしの素を入
　れて味をととのえる。

ごはんにかけたくなるピリ辛味の具だくさんスープ

にんじんと牛肉の韓国風スープ

野菜・きのこ
1人分
約**165**g

材料（2人分）

にんじん……1本（150g）
ニラ……30g
えのきたけ……50g
ごま油……小さじ2
牛こま切れ肉……100g
豆もやし……100g
にんにく（チューブ）……小さじ2
水……2カップ
A｜すりごま……大さじ2
　｜コチュジャン……大さじ1
　｜鶏ガラスープの素……小さじ1
　｜塩……少々

作り方

1　にんじんは短冊切りにし、ニラは4cm幅に切る。えのきたけは石づきを取って半分に切る。

2　鍋にごま油と牛肉を入れて炒め、色が変わってきたら、にんじん、豆もやし、えのきたけ、にんにく、水を入れてひと煮立ちさせる。

3　4〜5分煮込んで火が通ったら、Aを入れて味をととのえる。火を止めてニラを加えて、さっと混ぜる。

薄切りにんじんの歯ごたえがたまらない

ひらひらにんじんとレタスのスープ

野菜
1人分
約 **178**g

材料（2人分）

にんじん……1本（150g）
レタス……1/2玉
ハム……4枚
しょうが……1かけ
A｜水……1カップ
　｜塩こうじ
　｜……大さじ2
　｜鶏ガラスープの素
　｜……小さじ1
調整豆乳……1カップ
こしょう……適宜

作り方

1　にんじんはピーラーで薄くスライスする。レタスは1cm幅のざく切りに、ハムとしょうがは千切りにする。

2　鍋に、にんじん、ハム、しょうが、Aを入れてひと煮立ちさせ、そのまま1〜2分煮込み、レタスを加えてざっくりと混ぜながら加熱する。レタスがしんなりしてきたら豆乳を加え、再びひと煮立ちさせる。

3　器に盛り、お好みでこしょうをふる。

酒かすと根菜で体がしっかり温まる

にんじんと厚揚げの酒かす汁

野菜・きのこ
1人分
約**148**g

材料（2人分）

にんじん……1本（150g）
長ねぎ……1/2本
しいたけ……3個
ごぼう（泥を落とす）……50g
厚揚げ……100g
水……2カップ
酒かす……40g
味噌……大さじ2

作り方

1 にんじんは8mm幅の輪切り（大きい部分は半月切りでもOK）に、長ねぎは1cm幅の小口切りにする。しいたけは石づきを取り4等分に切る。ごぼうは斜め薄切りにして水でさっと洗う。厚揚げはひと口大に切る。

2 鍋に1、水、酒かすをちぎりながら入れてフタをしてひと煮立ちさせ、そのまま8分ほど煮込む。

3 いったん火を止め、味噌を溶き入れたら火をつけてひと煮立ちさせる。

ブロッコリー

クセのないほのかな甘みは、いろいろな食材と好相性。
しゃっきり食感で仕上げるならさっと、
ホロホロ食感にするなら少し長めに煮込みましょう。

具材たっぷりでおなかも満足

ブロッコリーとタコの
ガーリックスープ

材料（2人分）

ブロッコリー……150g
タコ……100g
玉ねぎ……1/2 個
にんにく……2 かけ
じゃがいも……100g
輪切り唐辛子……少々
オリーブオイル……大さじ 1
A｜水……2 カップ
　｜白ワイン……大さじ 2
塩……小さじ 2/3
こしょう……少々

作り方

1 ブロッコリーはひと口大に、タコは小さめのひと口大に切る。玉ねぎとにんにくはみじん切りにし、じゃがいもは皮ごと 1.5cm角に切る。

2 鍋に唐辛子、オリーブオイル、玉ねぎ、にんにくを入れて熱し、香りが出て玉ねぎが半透明になるまで炒める。

3 Aとじゃがいもを入れてひと煮立ちさせ、フタをして 5 分ほど煮込む。

4 ブロッコリーとタコを加え、さらに 3 分ほど煮込み、塩とこしょうで味をととのえる。

野菜
1 人分
約 **135**g

スパイシーな香りが食欲をそそる

ブロッコリーのスパイススープ

野菜

1 人分
約 **135** g

材料（2人分）

ブロッコリー……150g
カリフラワー……100g
しょうが……2かけ
厚切りベーコン……50g
水……2カップ
A｜カレー粉……小さじ2
　｜しょうゆ……小さじ2
　｜コンソメ……小さじ1
　｜はちみつ……小さじ1
　｜塩……小さじ1/3
　｜クミンシード
　｜　……小さじ1/4

作り方

1 ブロッコリーとカリフラワーはひと
　口大に切る。しょうがはみじん切り
　にし、ベーコンは1cm幅に切る。

2 鍋に1と水を入れてひと煮立ちさせ、
　そのまま3分ほど煮込む。

3 Aを加えてさらに2分ほど煮込み、
　味をととのえる。

筋力アップの最強コンビをスープに

ブロッコリーと鶏むね肉のパワースープ

野菜
1人分
約 **130**g

材料（2人分）

ブロッコリー……250g
サラダチキン……1枚
しょうが……1かけ
水……2カップ
A｜黒酢……大さじ1と1/2
　｜ナンプラー……小さじ2
　｜塩……小さじ1/4
　｜こしょう……少々

作り方

1 ブロッコリーとサラダチキンはひと
　口大に切り、しょうがは千切りにする。

2 鍋に1と水を入れてひと煮立ちさせ、
　そのまま3分ほど煮込む。

3 Aで味をととのえる。

すりおろしたじゃがいもでクリーミーに

ブロッコリーの明太クリームスープ

野菜
1人分
約 **125**g

材料（2人分）

ブロッコリー……200g
じゃがいも……100g
バラ明太子（切れているものがない場合は、
ぶつ切りにする）……50g
コーン缶（ホール）……50g
A 水……1カップ
　 白だし……大さじ2
牛乳……1カップ

作り方

1 ブロッコリーは小さめのひと口大に切る。じゃがいもは皮ごとすりおろす。

2 鍋に**A**とブロッコリーを入れてフタをし、2分ほど煮込む。

3 じゃがいも、明太子、コーンを入れてよく混ぜ、さらに2分ほど煮込む

4 牛乳を加えてひと煮立ちさせ、全体がとろっとしてなじんだら完成。

口溶けのなめらかなブロッコリーの食感が◎

ブロッコリーのとろっと豆乳スープ

野菜
1人分
約 **130**g

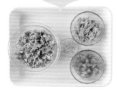

材料（2人分）

ブロッコリー……150g
しょうが……1かけ
トマト……1/2個
豚ひき肉……100g
片栗粉……小さじ2
A 水……1カップ
　鶏ガラスープの素
　　　……小さじ1
調整豆乳……1カップ
味噌……大さじ2弱

作り方

1 ブロッコリーとしょうがはみじん切りにし、トマトは1cm角に切る。

2 鍋に豚肉としょうがを入れて炒め、色が変わってきたら、片栗粉をまぶしたブロッコリーとAを入れてひと煮立ちさせ、さらに2分ほど煮込む。

3 トマトと豆乳を加えてひと煮立ちさせ、味噌を溶き入れる。

ブロッコリー 🥦

大きめの具材で食べごたえのあるひと品に

ブロッコリーと鮭のピリ辛ごま味噌スープ

野菜・きのこ
1 人分
約 125g

材料（2人分）

ブロッコリー……150g
しめじ……100g
鮭缶……1 缶（180g）
水……2 カップ
A｜すりごま……大さじ 3
　｜赤味噌……大さじ 2
　｜砂糖……小さじ 1
　｜豆板醤……小さじ 1/2
ごま油……小さじ 2

作り方

1　ブロッコリーはひと口大に切る。しめじは石づきを取って大きめにほぐす。

2　鍋に1と鮭缶（汁ごと）、水を入れてひと煮立ちさせ、フタをして3分ほど煮込む。

3　Aを入れてよく混ぜ、ひと煮立ちさせたら火を止めて、ごま油をまわしかける。

35

トマト

具材としてだけでなく、スープの味のベースとしても
トマトの酸味と甘みを活用しましょう。
洋風のほか、エスニックにもよく合います。

甘みが増したトマトにローズマリーが香る
まるごとトマトの蒸しスープ

野菜
1人分
約**230**g

材料（2人分）

トマト（やわらかめがおすすめ）……2個
玉ねぎ……1/4個
にんにく……1かけ
オリーブオイル……大さじ1
A｜水……2カップ
　｜塩こうじ……大さじ2
　｜こしょう……少々
ローズマリー（またはローリエ）……1〜2枝

作り方

1　トマトはヘタをくり抜く。玉ねぎとにんにくはみ
　じん切りにする。

2　鍋にオリーブオイルを熱し、玉ねぎとにんにくを
　入れてさっと炒める。色が変わってきたら、くり
　抜いた側を下にしたトマトとAを入れてフタをし、
　ひと煮立ちさせたら、弱火にして10分ほど煮る。

3　ローズマリーを入れてフタをし、さらに弱火で10
　分煮込む。

材料をすりおろして混ぜるだけでできあがり

トマトの冷製スープ

野菜
1人分
約 **150**g

材料（2人分）

トマト……1個
きゅうり……1/2本
パプリカ（黄）……1/3個
A｜りんごジュース
　　……大さじ2
　｜塩……小さじ1/2弱
　｜タバスコ……適量
オリーブオイル……小さじ2
こしょう……適宜

作り方

1 トマト、きゅうり、パプリカはすり
　おろす。

2 ボウルに1とAを入れ、よく混ぜて
　味をととのえる。

3 器に盛り、オリーブオイルをかける。
　お好みで、粗みじん切りにしたきゅ
　うりとパプリカ（分量外）をのせ、
　こしょうをふる。

キムチと味噌でしっかりコクのある味わいに

トマトと豆腐のキムチスープ

野菜
1人分
約 **125**g

材料（2人分）

トマト……1個
ニラ……50g
もめん豆腐……150g
キムチ……100g
水……1と1/2カップ
しょうゆ……小さじ1
味噌……大さじ1
ごま油……小さじ1
ごま……少々

作り方

1 トマトはひと口大に、ニラは3㎝幅に切る。豆腐は大きくちぎる。

2 鍋に水、トマト、豆腐、キムチを入れてひと煮立ちさせ、そのまま5分ほど煮込む。

3 しょうゆと味噌を溶き入れてなじませ、火を止めて、ニラとごま油を加えてさっと混ぜる。器に盛り、ごまを散らす。

スープに溶け込むモッツァレラがアクセント

ごろっとミートのトマトクリームスープ

材料（2人分）

トマト……1個
玉ねぎ……1/2個
にんにく……1かけ
合いびき肉……100g
ドライハーブ（バジル、タイム、パセリなど）
　　……小さじ1
塩……小さじ1/4
こしょう……少々
水……2カップ
A｜ケチャップ……大さじ4
　｜塩・こしょう……各少々
生クリーム……大さじ4
モッツァレラチーズ（パールタイプ）
　　……8個

野菜
1人分
約 155g

作り方

1 トマトは1cm角に切り、玉ねぎとにんにくはみじん切りにする。

2 ボウルにひき肉、玉ねぎ、にんにく、ハーブの半量、塩、こしょうを入れ、スプーンで玉ねぎとにんにくがなじむまで混ぜる。

3 鍋に水、トマト、ハーブの残りを入れてひと煮立ちさせ、2を6等分にしてスプーンで形を整えながら入れる。フタをして5分ほど、ときどき転がしながら弱めの中火で煮込む。

4 Aを加えて5分煮込み、とろっとしてきたら生クリームを加えてひと煮立ちさせ、火を止める。器に盛り、モッツァレラを散らす。

魚介の風味がトマトと溶け合う

トマトの魚介たっぷりスープ

野菜
1人分
約155g

材料（2人分）

エビ……6尾
アサリ……150g
トマト……1個
玉ねぎ……1/2個
にんにく……1かけ
オリーブオイル……小さじ2
A｜水……2カップ
　｜白ワイン……大さじ2
塩……小さじ1/2
こしょう……少々
バジル……適宜

作り方

1 エビはよく洗い、尾の先と剣先（苦手な場合は、あしも）を取る。アサリはこすり洗いをしておく。トマトはざく切りに、玉ねぎはみじん切りに、にんにくは薄切りにする。

2 鍋にオリーブオイル、にんにく、玉ねぎを入れて炒め、玉ねぎが半透明になったら、エビ、アサリ、トマト、Aを入れてひと煮立ちさせ、そのまま5分ほど煮込み、塩とこしょうで味をととのえる。

3 器に盛り、お好みでバジルを添える。

牛肉のうまみがしみこんだ野菜が格別

トマトと牛肉のエスニックスープ

野菜
1人分
約 **150**g

材料（2人分）

トマト……1個
セロリ（葉も含む）……100g
牛こま切れ肉……100g
サラダ油……小さじ1
A｜水……2カップ
　｜鶏ガラスープの素
　｜……小さじ1
ナンプラー……大さじ1
紫玉ねぎ（薄切り）……適宜
レモン（くし切り）……適宜

作り方

1 トマトはざく切りにする。セロリは筋を取って8mm幅の斜め切りにし、葉はざく切りにする。

2 鍋にサラダ油を熱して牛肉を炒め、色が変わってきたらセロリとAを入れてひと煮立ちさせる。アクを取り、トマトを入れて5分ほど煮込み、ナンプラーで味をととのえる。

3 器に盛り、お好みで紫玉ねぎとレモンを添える。

43

お弁当におすすめ！
スープジャーレシピ

温かいままスープを持ち運べる
スープジャーは、保温しながら
具材に熱を通す保温調理もできます。
朝、具材を切って混ぜて
電子レンジで加熱してから
そのままスープジャーに入れておけば、
ランチタイムにはスープが完成！
ランチのおともにぴったりです。

調理のポイント

＊300mℓのスープジャー用のレシピ
です。具材の量はスープジャーのサ
イズによって加減してください。
＊スープジャーは、使用する前に熱
湯で予熱すると保温に効果的です。
＊具材は最後まで火を通さず、半煮
えの状態でスープジャーに入れます。
＊だいたい3時間後からが食べごろ
です。
＊スープジャーへ注ぐときには、スー
プや具材が飛び散ってやけどをしな
いようにご注意ください。
＊そのほか、使用するスープジャー
本体の取り扱い説明書にしたがって
ください。

しらすのだしが◎

ゆず香るかぶと
しらすのスープ

材料（1人分）

かぶ……大1個（葉つきのもの）
はんぺん……30g
ゆずの皮（細切り）……適量
A　水……1カップ
　　しらす……大さじ1
　　しょうゆ……小さじ1
　　和風だしの素……小さじ1/2
　　塩……少々

作り方

1 かぶは4等分のくし切りにし、葉は
　2cm幅に切り、Aと耐熱容器に入れ
　て、そのまま電子レンジで3分加熱
　する。

2 1.5cm角に切ったはんぺんとゆずの皮
　をスープジャーに入れて1を注ぎ、
　フタをする。

トマトジュースでお手軽に

ミネストローネ

材料（1人分）

玉ねぎ……30g
ピーマン……1個
セロリ……30g
ウィンナー……1本
早ゆでパスタ……20g
A　水……2/3カップ
　　トマトジュース（無塩トマトジュースの
　　場合は塩・こしょうで味を調整）
　　……1/2カップ
　　コンソメ……小さじ1
　　塩・こしょう……各少々

作り方

1 玉ねぎ、ピーマン、セロリは5mm～
　1cm角に切り、ウィンナーは小口切
　りにし、Aと耐熱容器に入れて、ラッ
　プをして電子レンジで3分加熱する。

2 スープジャーに1を注ぎ、早ゆでパ
　スタを入れ、フタをする。

豆乳とだしでマイルドに

豆腐と桜えびの
豆乳スープ

煮込まなくても本格的な味

レンジ豚汁

材料（1人分）

ごぼう……30g
しいたけ……1個
にんじん……20g
豚こま切れ肉……30g
味噌……大さじ1
水……1カップ
長ねぎ（小口切り）……適量

作り方

1 すべて7mm幅で、斜め薄切りにした
ごぼう、薄切りにしたしいたけ、半
月切りにしたにんじん、豚肉、味噌
を耐熱容器に入れ、ざっと混ぜ合わ
せて味噌を全体にいきわたらせる。

2 水を入れてラップをかけ、電子レン
ジで4分加熱する。

3 スープジャーに注ぎ、長ねぎを入れ
てフタをする。

材料（1人分）

きぬごし豆腐……150g
白菜……30g
いんげん……2本
桜えび（乾燥）……大さじ1
A｜調整豆乳……1カップ
　｜めんつゆ（2倍濃縮）
　｜……大さじ2
　｜和風だしの素……少々

作り方

1　1cm角に切った豆腐とAを耐熱容器に入れて、そのまま電子レンジで3分加熱する。

2　スープジャーに1を注ぎ、1cm幅に切った白菜といんげん、桜えびを入れ、フタをする。

材料（1人分）

A｜水……250ml
　｜干ししいたけ（スライス）……5～6枚
　｜しょうゆ……小さじ1
　｜鶏ガラスープの素……小さじ1/2
　｜塩・こしょう……各少々
卵……1個
ミニトマト……3個
春雨……10g
酢・ラー油……各適量

作り方

1　耐熱容器にAを入れて、そのまま電子レンジで4分加熱して味をととのえる。

2　1に溶き卵を細く流し入れて、固まったらざっと混ぜて、スープジャーに注ぐ。

3　ミニトマト、春雨、酢、ラー油を入れて混ぜ、フタをする。

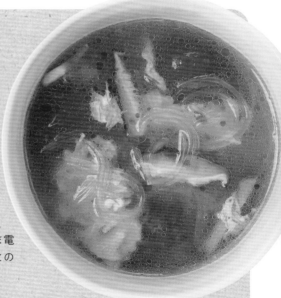

しいたけのだしがきいた
酸辣湯

雑穀入りで腹持ちがいい

ツナと大根と雑穀の
スープ

材料（1人分）

大根……100g
A｜ツナ缶……1缶
　｜水……1カップ
　｜雑穀……大さじ1
　｜白だし……大さじ1弱
　｜しょうゆ……小さじ1

作り方

1　大根は5mm〜1cm角に切り、耐熱容器にAと入れて、そのまま電子レンジで3分加熱する。

2　スープジャーに注ぎ、フタをする。

ピリ辛韓国風 &
具だくさん

ビビンスープ

市販のミートソースを使って

きのこ
ミートクリームスープ

材料（1人分）

- しめじ……100g
- A｜水……2/3 カップ
- ｜市販のミートソース……1/2 カップ
- 生クリーム……大さじ2
- 塩・こしょう……各適量
- パセリ……適宜

作り方

1 しめじは石づきを取ってほぐし、A と耐熱容器に入れて、ふんわりとラップをかけて電子レンジで3分加熱する。

2 生クリームを入れて塩とこしょうで味をととのえる。

3 スープジャーに注ぎ、お好みでパセリを加え、フタをする。

材料（1人分）

- A｜水……1 カップ
- ｜牛こま切れ肉……30g
- ｜コチュジャン……小さじ2
- ｜すりごま……小さじ2
- ｜鶏ガラスープの素……小さじ1/2
- ｜しょうゆ……小さじ1/2
- ｜しょうが（チューブ）・にんにく（チューブ）
- ｜……各小さじ1/3
- ｜塩……少々
- ほうれん草……1株
- にんじん……20g
- もやし……20g
- ごま……少々

作り方

1 A を耐熱容器に入れてざっと混ぜ、ラップをかけて電子レンジで3分加熱する。

2 スープジャーに細切りにしたにんじん、ざく切りにしたほうれん草、もやしを入れて1を注ぎ、ごまを加えてフタをする。

玉ねぎ

味噌やコンソメ、和風だしなどと相性がよく、
煮込むほどに豊かな甘みが溶け出します。
シンプルな味つけにすると、甘みが生きます。

バゲットにスープをしみこませて、めしあがれ

お手軽オニグラスープ

材料（2人分）

玉ねぎ……1と1/2個
ベーコン……2枚
バター……20g
A 水……2カップ
  コンソメ……小さじ2
塩・こしょう……各少々
バゲット……1cm幅のもの4枚（約50g）
溶けるチーズ……2枚
パセリ……少々

野菜
1人分
約 **150**g

作り方

1 玉ねぎは薄切りにし、ベーコンは1cm幅に切る。

2 鍋にバターと1を入れて強めの中火で、しんなり
  して少し色と香りがつくまで焦がすようにして炒
  める。Aを入れてひと煮立ちさせ、そのまま5分
  ほど煮込み、塩とこしょうで味をととのえる。

3 バゲットをこんがりとトーストする。

4 器に2を盛り、3とチーズをのせて、パセリをふる。
  チーズが溶けにくい場合は、電子レンジでそのま
  ま1分ほど加熱する。

マグロのうまみが詰まって具だくさん

玉ねぎとマグロの味噌汁

材料（2人分）

玉ねぎ…………1と1/2個
しょうが……2かけ
じゃがいも……100g
マグロ（ぶつ切りやアラなど）
　　　　……100g
A｜水……2カップ
　｜酒……大さじ2
味噌……大さじ2

作り方

1 玉ねぎは繊維に逆らって1cm幅に切り、しょうがは千切りにする。じゃがいもは皮ごと1cm幅の半月切りにして、水でもみ洗いする。

2 鍋に1とAを入れてひと煮立ちさせ、マグロを入れてフタをし、5分ほど煮込む。味噌を溶き入れて火を止める。

濃厚なスープを吸い込んだ玉ねぎが格別

玉ねぎと牛肉の中華スープ

野菜
1人分
約 **130**g

材料（2人分）

玉ねぎ……1個
にんにくの芽……60g
牛こま切れ肉……100g
ごま油……大さじ1
水……2カップ
鶏ガラスープの素……小さじ1
A 甜麺醤……大さじ1と1/2
　白ねりごま……
　　大さじ1と1/2
　しょうゆ……小さじ1
　豆板醤……小さじ1/2
ごま・糸唐辛子……各適宜

作り方

1 玉ねぎは繊維に沿って1cm幅に、にんにくの芽は4cm幅に切る。

2 鍋にごま油を熱して牛肉を入れて炒め、色が変わったら、玉ねぎ、水を入れてひと煮立ちさせ、アクを取る。鶏ガラスープの素を加え、フタをして4分ほど煮込む。

3 にんにくの芽とAを加えてなじませながら2～3分煮込み、味をととのえる。器に盛り、お好みでごまと糸唐辛子を添える。

カマンベールチーズが味に深みをプラス

玉ねぎとにんにくのスープ ポーチドエッグのせ

材料（2人分）

玉ねぎ……1個
にんにく……3かけ
アスパラガス……50g
オリーブオイル……大さじ1
A｜水……2カップ
　｜コンソメ……小さじ1
卵……2個
塩……小さじ1/2
こしょう……少々
カマンベールチーズ
　……4カット分（50〜60g）
レモン（薄切り）・こしょう……各適宜

野菜
1人分
約140g

作り方

1 玉ねぎは1cm角に切り、にんにくは薄切りにする。アスパラガスは筋のかたい部分を取り、5mm幅の斜め切りにする。

2 鍋にオリーブオイル、玉ねぎ、にんにくを入れて炒め、香りがしてきたら、Aを入れてフタをし、5分ほど煮込む。

3 煮込んでいる間にポーチドエッグを作っておく。小ぶりで深さのある耐熱容器に卵1個を割り入れ、卵が隠れる程度の水を入れて卵黄にようじなどで穴をあける。電子レンジでそのまま50秒ほど加熱する。同様にもうひとつ作る。

4 玉ねぎにしっかり火が通ったらアスパラガスを入れ、1分ほど加熱し、塩とこしょうで味をととのえる。

5 器に盛り、カマンベールチーズと3のポーチドエッグをのせる。お好みでレモンを添え、こしょうをふる。

バターしょうゆの風味と味噌のコクがポイント

玉ねぎとホタテともろこしのスープ

野菜
1人分
約 **175** g

材料（2人分）

玉ねぎ……1個
ほうれん草……100g
ボイルホタテ（冷凍のものでも
OK）……150g
しょうゆ……小さじ2
バター……30g
コーン缶（ホール）……50g
A｜水……2カップ
　｜和風だしの素……小さじ1
味噌……大さじ1

作り方

1　玉ねぎは乱切りにし、ほうれん草は
　4cm幅に切る。ホタテにしょうゆを
　からめておく。

2　フライパンにバター、玉ねぎ、ホタ
　テを入れ、焦げ目と香りがつくよう
　に、ときどき放置しながら炒める。

3　コーンとAを入れてひと煮立ちさせ、
　フタをしてさらに5分ほど煮込む。

4　味噌を溶き入れ、ほうれん草を加え
　て火を止める。ざっと混ぜてほうれ
　ん草がしんなりしたら完成。

玉ねぎ＆長ねぎの風味とごま油が食欲をそそる

手羽元のねぎねぎ塩スープ

材料（2人分）

玉ねぎ……1個
長ねぎ……1本
鶏手羽元……4本
塩……小さじ1/2
こしょう……少々
ごま油……小さじ2

A｜水……2カップ
　｜メンマ……50g
しょうゆ……小さじ1
ラー油……適宜
ホアジャオ
花椒……適宜

野菜
1人分
約150g

作り方

1 玉ねぎは繊維に逆らって薄切りに、長ねぎは斜め薄切りにする。鶏手羽元は骨に沿って切り込みを入れ、半量の塩とこしょうをふる。

2 鍋にごま油を熱し、鶏手羽元を入れて焼き色をつける。

3 玉ねぎと長ねぎを入れて炒め、全体が少ししんなりしてきたら、Aを入れてひと煮立ちさせ、アクを取り、フタをして8分ほど煮込む。

4 残りの塩としょうゆで味をととのえる。器に盛り、お好みでラー油や花椒をかける。

大根

和食の定番食材ですが、トマトやカレー粉など
意外な食材・調味料ともマッチします。
大根自体の味は薄いので、だしをきかせましょう。

体にじんわりしみる滋味深い味
大根のみぞれスープ

野菜
1人分
約 **155**g

材料（2人分）

大根……250g
水菜……50g
しょうが……1かけ
豚バラ肉（しゃぶしゃぶ用）……100g
水……2カップ
A｜梅干し……2個
　｜和風だしの素……小さじ1
しょうゆ……小さじ2
塩……小さじ1/3

作り方

1 大根は半量をすりおろし、汁は捨てずに取ってお
　く。残りは短冊切りにする。水菜は2cm幅に切り、
　しょうがは千切りにする。

2 鍋に大根（汁も含めてすべて）、しょうが、水を入
　れてフタをし、ひと煮立ちさせる。豚肉とAを加
　えて5分ほど煮込む。

3 しょうゆと塩で味をととのえる。水菜を加えてさっ
　と混ぜ、火を止める。

しょうががきいたさっぱりしたひと皿
大根のとろとろスープ

野菜
1人分
約 **130**g

材料（2人分）

大根……250g
長いも……100g
しょうが……1かけ
水……2カップ
もずく（味がついたもずく酢でも OK）……40g
めんつゆ（2倍濃縮）
　……大さじ3
酢……適宜

作り方

1 大根と長いもは1cm角に切る。しょうがはすりおろす。

2 鍋に大根、しょうがの半量、水を入れてひと煮立ちさせ、フタをして5分ほど煮込む。

3 長いも、もずく、めんつゆを加えてひと煮立ちさせ、2分ほど煮込む。

4 器に盛り、残りのしょうがを添える。お好みで酢をかける。

オートミール入りで朝食におすすめ

大根とオートミールのスープ

野菜
1 人分
約 **125**g

材料（2人分）

大根……200g
にんじん……1/3 本
オートミール……大さじ 3
水……2 カップ
A｜白だし……大さじ 3
　｜しょうゆ……小さじ 1
三つ葉……適宜

作り方

1 大根は細切りに、にんじんは千切り
　にする。

2 鍋に 1、オートミール、水を入れて
　ひと煮立ちさせ、フタをして 5 分煮
　込む。

3 火が通ったら、A を加えて味をとと
　のえ、火を止める。器に盛り、お好
　みで三つ葉を添える。

61

アサリのだしがしみこんだ大根が美味

大根とアサリのカレースープ

野菜
1人分
約 **160g**

材料（2人分）

大根……200g
セロリ……100g
しょうが……1かけ
にんにく……1かけ
アサリ缶……1缶（汁も含めて125 gのもの
を使用）
サラダ油……小さじ2
水……2カップ
A｜カレー粉……小さじ2
　｜ナンプラー……小さじ2
　｜和風だしの素……小さじ1
塩……少々
セロリ（葉）……適宜

作り方

1 大根はひと口大の乱切りに、セロリは筋を取って乱切りにする。しょうがとにんにくはみじん切りにする。

2 大根を耐熱容器に入れてラップをかけ、電子レンジで3分加熱する。

3 鍋にサラダ油、しょうが、にんにくを入れて炒め、香りが出てきたらセロリを加えて炒める。油がまわったら、水、2、アサリ缶を汁ごと、Aを入れてひと煮立ちさせ、フタをして5分ほど煮込み、塩で味をととのえる。

4 器に盛り、お好みでセロリの葉をのせる。

タラと大根をさっぱり洋風スープに

大根と白身魚のトマトスープ

野菜
1人分
約 **170**g

材料（2人分）

大根……200g
大根（葉）……30g
しょうが……1かけ
塩タラ……2切れ
水……2カップ
A｜トマト缶（カット）
　　……100g
　｜白ワイン……大さじ2
塩……小さじ1/2
オリーブオイル……適宜

作り方

1 大根は1cm幅のいちょう切りに、大根の葉は小口切りに、しょうがは千切りにする。タラはひと口大に切る。

2 鍋に水、大根、しょうがを入れてひと煮立ちさせ、フタをして3分ほど煮込む。タラとAを加えてさらに5分ほど煮込み、塩で味をととのえる。

3 大根の葉を加えてざっくりと混ぜ合わせて火を止める。器に盛り、お好みでオリーブオイルをたらす。

ピリ辛の高菜漬けがアクセント

焼き大根と豆腐のスープ　のり風味

野菜
1人分
約 **135**g

材料（2人分）

大根……250g
高菜漬け……50g
もめん豆腐……150g
しょうが……2かけ
のり……1枚（全形）
ごま油……小さじ2
A｜水……2カップ
　｜鶏ガラスープの素
　｜　　……小さじ1
B｜コチュジャン……大さじ1
　｜しょうゆ……小さじ1

作り方

1　大根は8mm幅の半月切りに、高菜漬けはみじん切りにし、豆腐は1cm角に切る。しょうがはすりおろし、のりはちぎる。

2　フライパンにごま油を熱し、大根を入れてフタをして焼き色がつくまで焼く。残りの1とAを入れ、フタをして5分ほど煮込む。

3　Bを入れてなじませ、火を止める。器に盛り、お好みでコチュジャン・のり（各分量外）を添える。

青菜

ほうれん草、小松菜、チンゲン菜など、
青菜の種類はアレンジ OK。アクの強い青菜は
油とからめて調理すると、クセがやわらぎます。

仕上げのバターでコクをプラス

ほうれん草とじゃがいものスープ　バター風味

材料（2人分）

ほうれん草……150g
玉ねぎ……1/2 個
ウィンナー……4 本
じゃがいも……100g
水……2 カップ
ドライハーブ（バジル）……小さじ 1/2
塩……小さじ 2/3
こしょう……少々
バター……20g

野菜
1 人分
約 **125**g

作り方

1 ほうれん草は 4cm 幅のざく切りにし、玉ねぎは 1cm 角に、ウィンナーは 1cm 幅に切る。じゃがいもは皮つきのまま 1.5cm 角に切り、水洗いする。

2 鍋に水、ほうれん草以外の 1、ドライハーブを入れてフタをしてひと煮立ちさせ、そのまま 5 分ほど煮込む。

3 ほうれん草を入れて混ぜながら煮込み、全体がしんなりしたら塩とこしょうで味をととのえる。

4 器に盛り、バターを半量ずつ添える。

ほうれん草の甘みをシンプルに味わう

ほうれん草と花麩の味噌汁

野菜・きのこ
1人分
約 **150**g

材料（2人分）

ほうれん草……200g
えのきたけ……100g
水……2カップ
花麩……6個
赤味噌……大さじ2

作り方

1 ほうれん草は3cm幅に、えのきたけは石づきを取って3cm幅に切る。

2 鍋に水とえのきたけを入れてひと煮立ちさせ、ほうれん草を加えて混ぜながら煮込む。全体がしんなりしてきたら、2分ほど煮込む。

3 花麩を入れて戻しながら、味噌を溶き入れてなじませる。

ココナツミルク入りのマイルドなカレー風味

ほうれん草のココナツカレースープ

材料 (2人分)

ほうれん草……150g
玉ねぎ……1/2個
サラダ油……小さじ2
ミックスビーンズ
　　……100g

水……2カップ
ココナツミルク
　　……1カップ
固形カレールウ
　　……1かけ

野菜
1人分
約 **125**g

作り方

1 ほうれん草は3cm幅のざく切りに、玉ねぎはみじん切りにする。

2 鍋にサラダ油と玉ねぎを入れて炒め、玉ねぎがしんなりしたら、ミックスビーンズと水を入れてひと煮立ちさせる。フタをして弱めの中火で3分ほど煮込む。

3 ほうれん草を入れて混ぜながら煮込み、全体がしんなりしたらココナツミルクを入れてひと煮立ちさせる。

4 火を止めてカレールウを入れてなじませ、再び火をつけて2分ほど煮込む。

バターで炒めたほうれん草がコクうま

ほうれん草と鮭の豆乳スープ

野菜
1人分
約**135**g

材料（2人分）

ほうれん草……150g
長ねぎ……1本
塩鮭……2切れ
バター……20g
A｜水……1カップ
　｜しょうが……2かけ
　｜めんつゆ（2倍濃縮）……大さじ3
調整豆乳……1と1/2カップ

作り方

1　ほうれん草は4cm幅に切り、長ねぎは斜め薄切りにする。鮭はひと口大に切る。しょうがはすりおろす。

2　鍋にバター、ほうれん草、長ねぎを入れて炒め、全体がしんなりしたら、Aを入れてひと煮立ちさせる。鮭を入れ、フタをして2分ほど煮込む。

3　豆乳を加えてひと煮立ちさせ、全体をなじませる。

ふわふわたまごのやさしい味

小松菜とふんわりたまごのスープ

野菜
1人分
約150g

材料（2人分）

小松菜……300g
A 水……2カップ
　和風だしの素
　　……小さじ1
しょうゆ……小さじ2
塩……小さじ1/3
卵……2個

作り方

1 小松菜は1cm幅に切る。

2 鍋にAと小松菜を入れてフタをし、ひと煮立ちさせ、そのまま5分ほど煮込む。

3 しょうゆと塩で味をととのえ、溶き卵を流し入れ、固まってきたら火を止める。

たけのこの香り豊かなひと皿

小松菜とたけのこのすまし汁

野菜
1人分
約**125**g

材料（2人分）

小松菜……150g
ゆでたけのこ……100g
A｜水……2カップ
　｜白だし……大さじ2強
しょうゆ……小さじ1
塩……少々
さんしょう……少々

作り方

1 小松菜は4cm幅のざく切りにし、た
　けのこは縦に1.5cm幅に切り、よく洗
　う。

2 鍋にAとたけのこを入れてひと煮立
　ちさせ、4分ほど煮込む。

3 小松菜を加えて混ぜながら煮込み、
　全体がしんなりしたら2分ほど煮込
　む。しょうゆと塩で味をととのえ、
　器に盛り、さんしょうをふる。

73

白菜

スープにすることで、とろとろした食感と甘みを存分に味わえます。クセがないのでほかの具材や調味料の風味が引き立ちます。

磯の香りがほんのり広がる

白菜とあおさのりの鶏スープ

材料（2人分）

白菜……250g
しょうが……1かけ
鶏もも肉……100g
A｜水……2カップ
　｜かつおぶし……1袋（5g）
あおさのり（乾燥）……6g
しょうゆ……小さじ2
塩……小さじ1/3

作り方

1 白菜の白い部分は繊維に逆らって2cm幅、緑の部分は3cm幅のざく切りにする。しょうがは千切りにし、鶏肉は1cm角に切る。

2 鍋に白菜の白い部分、しょうが、鶏肉、Aを入れてフタをしてひと煮立ちさせ、そのまま5分ほど煮込む。

3 白菜の緑の部分、あおさのりを入れて、全体がしんなりしたら、しょうゆと塩で味をととのえる。

野菜
1人分
約 **130**g

ベーコンのうまみがしみた白菜がとろとろ

白菜とベーコンのペッパースープ

野菜
1人分
約**130g**

材料（2人分）

白菜……200g
長ねぎ……1/2本
ベーコン……4枚
にんにく……1かけ
A 水……1と1/2カップ
　 コンソメ……小さじ1
B 粉チーズ……大さじ2
　 塩……小さじ1/3
　 こしょう……小さじ1/4

作り方

1 白菜の白い部分は1cm幅の斜め切り
　に、緑の部分は2～3cm幅のざく切
　りにする。長ねぎは斜め薄切りにし、
　ベーコンは1cm幅に切り、にんにく
　はみじん切りにする。

2 鍋に1とAを入れてフタをしてひと煮
　立ちさせ、そのまま5分ほど煮込む。

3 Bを入れて3分ほど煮込み、とろっ
　としたら完成。器に盛り、お好みで
　粉チーズとこしょう（各分量外）を
　ふる。

プリプリのカキのうまみを存分に味わえる

白菜とカキのとろっとスープ

材料（2人分）

白菜……250g
しょうが……2かけ
カキ（片栗粉をまぶす）
　……150g
水……1と1/2カップ
干ししいたけ（スライス）
　……5g

しょうゆ……小さじ1
塩……小さじ1/2
A｜水……大さじ1強
　｜片栗粉……小さじ2
ゆずの皮……少々

野菜
1人分
約**135**g

作り方

1　白菜の白い部分は短冊切りに、緑の部分は5cm幅のざく切りにする。しょうがは千切りにする。カキはもみ洗いし、何度かすすいで水気を切っておく。

2　鍋に水、干ししいたけ、白菜、カキの順に入れてフタをしてひと煮立ちさせる。全体が少ししんなりしてきたら、ざっと混ぜて、しょうゆと塩を加えて3～4分煮込む。

3　具材を寄せながら、よく溶いたAを流し入れて、とろみをつける。器に盛り、ゆずの皮を散らす。

コーンのやさしい甘さがホッとする

白菜のコーンクリームスープ

野菜
1人分
約**137**g

材料（2人分）

白菜……200g
しょうが……1かけ
長ねぎ……10g
いんげん……3本
にんじん……30g
A｜水……1と1/2カップ
　｜鶏ガラスープの素……小さじ2
コーン缶（クリーム）……1缶（180g）
塩……小さじ1/3
こしょう……少々

作り方

1 白菜は1.5cm角に切り、しょうがと長ねぎはみじん切りに、いんげんは小口切りに、にんじんは千切りにする。

2 鍋に1とAを入れてフタをし、ひと煮立ちしたら、そのまま4分ほど煮込む。

3 コーン、塩、こしょうを加えて、味をととのえながら3〜4分煮込む。

ニラの香りにオイスターソースのコク

白菜とニラとトマトの中華スープ

野菜
1人分
約 **160**g

材料（2人分）

白菜……200g
ミニトマト……6個
ニラ……50g
しょうが（おろす）……1かけ
A | 水……1と1/2カップ
　　鶏ガラスープの素
　　　　……小さじ1と1/2
オイスターソース……大さじ1
塩・こしょう……各少々

作り方

1　白菜の白い部分は7mm幅の細切りに、緑の部分は2〜3cm幅のざく切りにする。ミニトマトはヘタを取り、ニラは小口切りにする。

2　鍋に白菜、しょうが、Aを入れてフタをしてひと煮立ちしたら、そのまま5分ほど煮込む。

3　ミニトマトとニラを加え、オイスターソース、塩、こしょうで味をととのえる。

しょうがとポン酢しょうゆのさっぱり味

白菜と豚肉のさっぱりスープ

野菜
1 人分
約 **130**g

材料（2人分）

白菜……200g
春菊……50g
しょうが……1かけ
豚バラ肉（しゃぶしゃぶ用）
　　……100g
A｜水……1と1/2カップ
　｜白だし……大さじ1
ポン酢しょうゆ……大さじ3

作り方

1 白菜の白い部分は3cm幅、緑の部分は
　5cm幅のざく切りにする。春菊は3cm
　幅に切り、しょうがは千切りにする。

2 鍋に白菜、しょうが、Aを入れてフ
　タをし、ひと煮立ちさせてそのまま
　4分ほど煮込む。豚肉を加えて、さ
　らに2分ほど煮込む。

3 ポン酢しょうゆを加えて、ざっくり
　と混ぜ合わる。火を止めて春菊を加
　え、余熱でしんなりしたら完成。

81

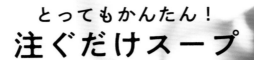

とってもかんたん！
注ぐだけスープ

むずかしい工程は一切なし。
具材と調味料を器に入れ、
熱湯などを注いで混ぜたら完成！
あとひと品ほしいとき、
手間をかけたくないときにも、
おすすめのかんたんレシピです。

※材料の分量は1杯分

えのきたけ
（石づきを取って半分に切って
ほぐす）……50g

・コンソメ……小さじ1/2

＋

注ぐ

温めたトマトジュース
……1カップ
＊電子レンジで約2分加熱。

＋

のせる

トマトの酸味にマイルドな
カマンベールがとろける

カマンベールチーズと
トマトのスープ

＊すべてを入れたらラップをかけ、4分ほど
放置。混ぜてチーズを溶かしながら食べる。

カマンベールチーズ
（ひと口サイズ）……2個

グリーンオリーブ
……3個

・こしょう……少々

シャキシャキしたねぎとごま油の香りが◎
わかめとねぎの塩スープ

器に入れる

わかめ
（乾燥）
……小さじ2

長ねぎ
（細切り）
……20g

しょうが
（チューブ）
……小さじ1

・ごま油……小さじ1
・塩……小さじ1/4
・鶏ガラスープの素
　……少々
・こしょう……少々

＋

注ぐ

熱湯
……1カップ強

食欲がない
暑い夏の日におすすめ

冷や汁

＊温かいごはんの場合は、
水を少々減らし氷を入れて調整を。

器に入れる

きゅうり
（小口切り）……1/2本　　　　・味噌……小さじ2

＊混ぜておく。

・しょうゆ
……小さじ1

サバ缶
……50g
・サバ缶の汁
……大さじ1

ごはん
（冷たくても
温かくても
OK）
……50g

キムチ
……30g

すりごま
……大さじ1

注ぐ

水
……1カップ強

小松菜
（1cm幅に切る）……1株

ちくわ
（1cm幅に切る）……1本

塩こんぶ
……5g

・しょうゆ……少々

注ぐ

熱湯
……1カップ

=

塩こんぶのうまみと
塩味がきいている

塩こんぶと小松菜のスープ

＊わさびを加えてもおいしい。

=

器に入れる

豆苗
（1cm幅に切る）……50g

ツナ
（汁ごと）……1/2缶

・和風だしの素……小さじ1/2
・ナンプラー……小さじ1

注ぐ

熱湯
……1カップ

あっさり味に
ツナがコクをプラス

豆苗とツナのスープ

にんじん
（千切り）……30g

冷凍枝豆
……50g

もめん豆腐
（ひと口大にちぎる）
……100g

韓国のり
（ちぎる）……5枚

・めんつゆ（2倍濃縮）……小さじ2
・鶏ガラスープの素……小さじ1/3

枝豆のコリコリとした
食感がたまらない

枝豆と豆腐のスープ

注ぐ

熱湯
……1カップ

お好みで

・ごま油……適宜　　・コチュジャン……適宜

辛うま担々スープに
春雨をプラス

坦々風
春雨スープ

＊豆乳を注いだらラップをかけ、4分放置。
混ぜながら味噌をなじませて食べる。

器に入れる

オクラ
（小口切り）……2本

・からし……小さじ1/2
＊混ぜておく。

- -

味つきもずく
（黒酢や三杯酢のものでOK）
……小1パック（70g）

かつおぶし
……1パック（5g）

・めんつゆ（2倍濃縮）……小さじ2

 ＋

注ぐ

熱湯
……1カップ

＝

ねばねば＋とろーりの
かつおぶし仕立て

オクラともずくの
スープ

器に入れる

＝

すりごま
……大さじ1

・味噌……小さじ2
・鶏ガラスープの素……小さじ1/3
・ラー油……少々

＊練り合わせておく。

チンゲン菜
（2cm角に切る）
……大3枚

春雨
（5cmに切る）
……10g

注ぐ

＋

**温めた
調整豆乳**
……1カップ
＊電子レンジで
約2分加熱。

きのこ

食感や香り、風味にそれぞれ特徴のあるきのこは、
加えるだけで、だしが出るスープ向き食材。
ほかの食材のうまみを合わせて、味わい深いスープに。

シーフードのうまみたっぷり和風チャウダー

きのことシーフードの豆乳味噌スープ

材料（2人分）

しめじ……200g
エリンギ……1パック
A｜シーフードミックス（冷凍のまま）……150g
　｜水……大さじ4
　｜白ワイン……大さじ2
調整豆乳……2カップ
味噌……大さじ2
パセリ……適宜

作り方

1 しめじは石づきを取ってほぐす。エリンギは大きければ長さを半分にし、縦に4等分に切る。

2 鍋に1とAを入れてフタをし、弱めの中火でひと煮立ちさせる。きのこが少ししんなりするまで、弱火で焦げないように注意しながら加熱する。

3 豆乳を入れてひと煮立ちさせ、そのまま3分ほど煮込む。味噌を溶き入れて火を止める。器に盛り、お好みでパセリをふる。

きのこ
1人分
約
150g

えのきのツルッとしたのどごしがいい

えのきとオクラのとろっとスープ

材料（2人分）

えのきたけ……1袋
オクラ……10本
A｜水……2カップ
　｜和風だしの素……小さじ2
　｜しょうが（チューブ）
　｜　　……小さじ1
しょうゆ……小さじ2
塩……小さじ1/4

作り方

1　えのきたけは石づきを取って2cm幅
　に、オクラはガクとヘタを落として
　1cm幅に切る。

2　鍋にえのきたけとAを入れてひと煮
　立ちさせ、そのまま3分ほど煮込む。

3　オクラ、しょうゆ、塩を入れてひと
　煮立ちさせ、味をととのえる。

なめこと納豆のとろとろ食感がたまらない

きのこと納豆のとろとろ味噌スープ

野菜・きのこ
1人分
約 125g

材料（2人分）

しいたけ……100g
長ねぎ……1/2本
納豆……1パック
なめこ……1袋（100g）
水……2カップ
味噌……大さじ2
ごま油……小さじ2

作り方

1 しいたけは石づきのかたい部分を取って1cm角に切り、長ねぎは5mm幅の小口切りにする。納豆は添付のからしとタレを混ぜておく。

2 鍋に、しいたけ、長ねぎ、なめこ、水を入れてひと煮立ちさせ、そのまま5分ほど煮込む。

3 味噌を溶き入れて火を止め、納豆とごま油を加える。

チーズと生クリームで濃厚な味

きのこのカルボスープ

野菜・きのこ
1 人分
約 **125**g

材料（2人分）

マッシュルーム……150g

玉ねぎ……1/2個

ベーコン……2枚

オリーブオイル……小さじ2

水……1と1/2カップ

コンソメ……小さじ1

卵……2個

生クリーム……1/2カップ

粉チーズ・こしょう……各適量

作り方

1 マッシュルームは土がついていれば、乾いたキッチンペーパーなどでふき取って半分に切る。玉ねぎは繊維に逆らって薄切りに、ベーコンは細切りにする。

2 鍋にオリーブオイルを熱して玉ねぎとベーコンを入れて炒める。しんなりしてきたら水、マッシュルーム、コンソメを入れて、4分ほど煮込む。

3 ポーチドエッグを作っておく。小ぶりで深さのある耐熱容器に卵1個を割り入れ、卵が隠れる程度の水を入れて卵黄にようじなどで穴をあける。電子レンジでそのまま50秒ほど加熱する。同様にもうひとつ作る。

4 2に生クリームを入れて温める。器に盛り、3をのせ、粉チーズとこしょうをふる。

ラー油と酢で酸辣湯風

きのこと豆腐のすっぱ辛いスープ

きのこ
1人分
約**125**g

材料（2人分）

しいたけ……100g
まいたけ……150g
もめん豆腐……150g
A｜鶏ささみ缶（汁ごと）
　　……1缶
　水……2カップ
　鶏ガラスープの素
　　……小さじ1
しょうゆ……小さじ2
塩……小さじ1/4
ラー油・酢……各適量
小ねぎ（小口切り）……適宜

作り方

1 しいたけは石づきのかたい部分を
　取って5mm幅の薄切りに、まいたけ
　は大きくほぐす。豆腐は手で大きく
　ちぎる。

2 鍋に1とAを入れてひと煮立ちさせ、
　そのまま5分煮込み、しょうゆと塩
　で味をととのえる。

3 器に盛り、ラー油と酢をかけ、お好
　みで小ねぎを散らす。

トマトの酸味とパクチーの風味がポイント

きくらげと豚肉のエスニックスープ

野菜・きのこ
1 人分
約120g

材料（2人分）

きくらげ……3袋（180g）
ミニトマト……6個
豚バラ肉（薄切り）……100g
ごま油……小さじ2
A｜水……2カップ
　｜白だし……大さじ2
レモン汁……大さじ1
しょうゆ……小さじ2
塩・こしょう……各少々
パクチー……適量

作り方

1 きくらげのかたい部分と、ミニトマトのヘタを取る。

2 鍋にごま油と豚肉を入れて炒め、色が変わってきたら、Aときくらげを入れてひと煮立ちさせ、そのまま3分ほど煮込む。

3 ミニトマトを入れ、レモン汁、しょうゆ、塩、こしょうで味をととのえる。

4 器に盛り、パクチーを添える。

かぼちゃ

ほくほくした食感の具として活用したり、
つぶして入れてスープのベースにしたり、使い方はさまざま。
どちらも、やさしい甘みがスープに生きます。

栃木県佐野市の郷土料理をアレンジ

耳うどん風かぼちゃ汁

材料（2人分）

かぼちゃ……150g
しいたけ……4個
にんじん……30g
ぎょうざの皮……8枚
水……2カップ
赤味噌……大さじ2

野菜・きのこ
1人分
約 **120**g

作り方

1 かぼちゃは大きめのひと口大に、しいたけは石づきのかたい部分を取って4等分に切り、にんじんは半月切りにする。ぎょうざの皮は片面を少しぬらし、手のひらでギュッとにぎるようにして、クシャッとひだを寄せた形にする。

2 鍋にぎょうざの皮以外の1と水を入れてフタをしてひと煮立ちさせ、かぼちゃが少し崩れる程度にやわらかくなるまで、そのまま8分ほど煮込む。

3 ぎょうざの皮を入れ、1〜2分ほど煮込む。

4 味噌を溶き入れて、ひと煮立ちさせて火を止める。

ミキサー不要でかぼちゃを皮ごとつぶすだけ

かぼちゃのポタージュ

材料（2人分）

かぼちゃ……200g	水……1カップ
玉ねぎ……1/2個	牛乳……1カップ
ベーコン……2枚	塩……小さじ1/2
バター……10g	こしょう……少々

野菜
1人分
約150g

作り方

1 かぼちゃは大きめのひと口大に切り、玉ねぎとベーコンはみじん切りにする。

2 かぼちゃは皮目を下に耐熱容器に並べ、ラップをして電子レンジで5分ほど加熱してフォークでつぶす。

3 鍋にバター、玉ねぎ、ベーコンを入れて、弱めの中火で玉ねぎがしんなりするまで炒める。水を入れてフタをし、弱火で5分煮る。

4 牛乳とかぼちゃを入れて、さらに弱火で5分煮込み、塩とこしょうで味をととのえる。

ジューシーな鶏肉に2種のチーズをからめて

かぼちゃと鶏肉のチーズスープ

材料（2人分）

かぼちゃ……150g
玉ねぎ……1/2個
鶏もも肉……100g
オリーブオイル
　　……大さじ1
にんにく（チューブ）
　　……小さじ1

A｜水……2カップ
　｜和風だしの素
　｜　……小さじ1
しょうゆ……小さじ2
塩……少々
溶けるチーズ……2枚
粉チーズ……適量
こしょう……適量

作り方

1 かぼちゃ、玉ねぎ、鶏肉は1〜1.5cm角に切る。

2 鍋にオリーブオイルを熱して1とにんにくを入れ、強めの中火で鶏肉と玉ねぎを焦がすようにして炒める。色がついてきたら、Aを入れてひと煮立ちさせ、フタをして4分ほど煮込み、しょうゆと塩で味をととのえる。

3 器に盛り、溶けるチーズをのせ、粉チーズとこしょうをふる。チーズが溶けない場合は電子レンジで少し加熱する。

野菜
1人分
約 **125**g

八角と花椒の香りがポイント

かぼちゃと牛肉のスパイシースープ

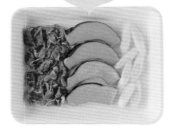

野菜
1人分
約 **125**g

材料（2人分）

かぼちゃ……200g
長ねぎ……1/2 本
牛こま切れ肉……100g
A　水……2 カップ
　　酒……大さじ 2
　　鶏ガラスープの素……小さじ 1
　　八角……2 個
　　輪切り唐辛子……少々
しょうゆ……小さじ 2
塩……小さじ 1/4
花椒……少々

作り方

1　かぼちゃは 1.5 ～ 2 cm厚さの食べやすい大きさに切り、長ねぎは 1.5cm幅の斜め切りにする。

2　鍋に牛肉を入れて炒め、色が変わったら、1 と A を入れてひと煮立ちさせる。アクを取り、フタをして 5 分ほど煮込む。

3　しょうゆと塩で味をととのえ、花椒で香りをつける。

かぼちゃとなすのココナツスープ

野菜
1人分
約 **155**g

材料（2人分）

かぼちゃ……150g
なす……2本
シーフードミックス……150g
水……1カップ
白ワイン……大さじ2
ココナツミルク……1カップ
味噌……大さじ1弱
塩……小さじ1/3

作り方

1 かぼちゃは大きめのひと口大に切り、なすは1.5cm幅の輪切りにする。

2 鍋にかぼちゃと水を入れてひと煮立ちさせ、なす、シーフードミックス、白ワインを入れて、再びひと煮立ちさせる。フタをして、5分ほど弱めの中火で煮込む。

3 ココナツミルクを加えて、味噌と塩で味をととのえる。

塩こうじとレモンの風味でさっぱりと

かぼちゃとトマトの塩こうじスープ

野菜
1 人分
約 **175**g

材料（2人分）

かぼちゃ……200g
トマト……1/2個
セロリ……50g
水……2カップ
塩こうじ……大さじ2
レモン汁……大さじ1
オリーブオイル……適宜

作り方

1 かぼちゃは1cm厚さの食べやすい大き
さに切る。トマトはざく切りに、セロ
リは筋を取って斜め薄切りにする。

2 鍋にかぼちゃ、セロリ、水を入れて
ひと煮立ちさせ、フタをして4分ほ
ど煮込み、トマトを加えてさらに2
分ほど煮込む。

3 塩こうじとレモン汁を入れて味をとと
のえる。お好みでオリーブオイルをた
らす。

なす

油とからめてしっかり加熱することで、
とろとろとした口あたりのよい食感になります。
冷製スープなら、生のままみずみずしさを生かして。

ピリリとした辛さがクセになる

マーボーなす風スープ

材料（2人分）

なす……3本
もやし……100g
豚ひき肉……100g
ごま油……小さじ2
甜麺醤……大さじ1
豆板醤……小さじ1/2
A｜ 水……2カップ
　　鶏ガラスープの素……小さじ1
　　しょうゆ……小さじ2
B｜ 水……大さじ1
　　片栗粉……小さじ1

作り方

1 なすは乱切りに、もやしは粗みじん切りにする。

2 鍋にごま油と豚肉を入れて炒め、色が変わってきたら、甜麺醤と豆板醤を加えて炒める。香りがしてきたら、Aを入れてひと煮立ちさせる。

3 1を入れてフタをし、4分ほど煮込む。よく溶いたBを混ぜながら流し入れ、ひと煮立ちさせたら火を止める。

野菜

1人分
約 170g

104

ナンプラーとオイスターソースで仕上げる

なすとパプリカのエスニックスープ

材料（2人分）

なす……2本
パプリカ（赤）
　……1/2個
長ねぎ……30g
しょうが……1かけ
豚ひき肉……100g
サラダ油……小さじ1

水……2カップ
ナンプラー……大さじ1
オイスターソース
　……小さじ2
こしょう……少々
小ねぎ（斜め切り）
　……適宜

野菜
1人分
約**138**g

作り方

1 なすは長さを半分に切って細切りに、パプリカはひと口大の乱切りに、長ねぎとしょうがはみじん切りにする。

2 鍋にサラダ油を熱して豚肉を入れて炒め、色が変わってきたら、長ねぎとしょうがを入れて、しんなりするまで炒める。

3 水を入れてひと煮立ちさせ、なすとパプリカを入れてフタをし、5分ほど煮込む。

4 ナンプラー、オイスターソース、こしょうで味をととのえる。器に盛り、お好みで小ねぎを添える。

ねぎの風味と香ばしい油揚げがたまらない

焼きなすと長ねぎの味噌スープ

野菜
1 人分
約 **135** g

材料（2人分）

なす……2本
長ねぎ……1本
しょうが……1かけ
油揚げ……1枚
ごま油……大さじ1
水……2カップ
赤味噌……大さじ2

作り方

1 なすは長めの乱切りに、長ねぎは4㎝幅のざく切りに、しょうがは千切りにし、油揚げはひと口大に切る。

2 フライパンにごま油を熱して、油揚げと長ねぎを焼き、なすは皮目を下にして入れ、焼き色がつくまで強めの中火で焼く。

3 水としょうがを入れてフタをしてひと煮立ちさせ、4分ほど煮込む。

4 味噌を溶き入れて味をととのえる。

夏野菜の定番の組み合わせをたっぷりと

なすとズッキーニのスープ　ナッツ添え

野菜
1人分
約**150**g

材料（2人分）

なす……2本
ズッキーニ……100g
ベーコン……2枚
ミニトマト……4個
オリーブオイル……小さじ2
A 水……2カップ
　 めんつゆ（2倍濃縮）……大さじ3
　 しょうが（チューブ）……小さじ1
レモン汁……小さじ2
ナッツ類（くだく）……適量
こしょう……少々

作り方

1 なすは1.5cm幅の輪切りにし、ズッキーニは7mm幅
に切り、ベーコンは細切りにする。ミニトマトは
ヘタを取る。

2 鍋にベーコンとオリーブオイルを入れて炒め、香
りがしてきたら、なすを入れてさっと炒める。油
がまわったら、ズッキーニとAを入れてひと煮立
ちさせ、フタをして5分煮込む。

3 火を止めて、ミニトマトとレモン汁を加えて、さっ
と混ぜて器に盛る。ナッツを散らし、こしょうを
ふる。

大葉の香りと梅干しの酸味がさわやか

なすとみょうがと大葉の香味スープ

野菜
1 人分
約 **152**g

材料（2人分）

なす……3本
みょうが……3個
大葉……5枚
A｜水……2カップ
　｜塩こんぶ……10g
黒酢……大さじ1
しょうゆ……小さじ1
梅干し……2個

作り方

1 なすは1.5cm幅の半月切りに、みょうがと大葉は千切りにする。

2 鍋にAを入れてひと煮立ちさせ、なすを加えてフタをして4分ほど加熱する。

3 みょうが、大葉（上にのせる分を残しておく）、黒酢、しょうゆを加えてさっと混ぜ、火を止める。

4 器に盛り、梅干しと大葉をのせる。

夏の暑さに負けないさっぱり味

なすときゅうりの冷製キムチスープ

野菜
1人分
約 **130**g

材料 (2人分)

なす……2本
きゅうり……1本
塩……小さじ1/2弱
A 水……2カップ
 キムチ……100g
 白だし……大さじ2
 しょうゆ……小さじ2

作り方

1 なすは縦半分に切って5mm幅の斜め切りに、きゅうりは小口切りにする。

2 1を塩でもみ、しんなりしたら水でさっと洗って水気をしぼる。

3 2とAをボウルに入れて混ぜる。

ごぼう

風味の強い野菜なので、それに負けないように
だしや味つけは、しっかりとしたものに。
意外と火の通りが早いので手軽に調理できます。

スパイスと鶏のだしで滋味深い味わい
薬膳風ごぼうのスープ

材料（2人分）

鶏手羽先……4本
ごぼう（泥を落とす）……150g
きくらげ……1パック（60g）
しょうが……1かけ
長ねぎ（青い部分）……1本分
蒸し大豆……50g
A｜水……3カップ
　｜紹興酒（酒でもOK）……大さじ2
　｜八角（花椒、五香粉でもOK）
　｜　……2個
　｜鶏ガラスープの素……小さじ2
　｜輪切り唐辛子……適量
しょうゆ……小さじ2
塩……小さじ1/3

作り方

1　鶏手羽先は骨に沿って切り込みを入れておく。ごぼうは、めん棒（びんなどのかたいものでも）でたたいてヒビを入れ、4cm幅に食べやすく切る。きくらげは石づきのかたい部分を取ってひと口大に切る。しょうがは千切りにし、長ねぎはギュッとつぶしておく。

2　鍋を熱して鶏手羽先を入れ、焼き色をつける。残りの1、大豆、Aを入れてひと煮立ちさせる。アクを取り、フタをして弱めの中火で10分ほど煮込む。

3　しょうゆと塩で味をととのえる。

野菜・きのこ
1人分
約
120g

納豆キムチにたっぷりねぎを合わせて

ごぼうのキムチ納豆ごまスープ

野菜
1人分
約 **125** g

材料（2人分）

ごぼう（泥を落とす）……200g
小ねぎ……50g
納豆……1パック
A｜キムチ……50g
　｜水……2カップ
　｜めんつゆ（2倍濃縮）
　｜　……大さじ1
すりごま……大さじ3
味噌……小さじ2

作り方

1 ごぼうは斜めに千切りにし、小ねぎは4cm幅に切る。納豆は添付のからしとタレを混ぜておく。

2 鍋にごぼうとAを入れてフタをしてひと煮立ちさせ、4分ほど弱めの中火で煮込む。

3 すりごまと味噌を溶き入れ、納豆と小ねぎを加えて、さっと混ぜて火を止める。

ハーブ香るスープがごぼうにしみしみ

ごぼうとトマトのハーブスープ

野菜
1人分
約 **125**g

材料（2人分）

ごぼう（泥を落とす）……150g

トマト……1/2個

ツナ缶……1缶

A 水……2カップ
ドライハーブ（バジルやローズマリーなど、家にあるものでOK）……小さじ1/2
にんにく（チューブ）……小さじ1

塩こうじ……大さじ2

こしょう……少々

粒マスタード……適宜

作り方

1 ごぼうは5mm幅の斜め薄切りにして、水でさっと洗う。トマトはひと口大に切る。

2 鍋にごぼう、ツナ缶（汁ごと）、Aを入れて、フタをしてひと煮立ちさせ、3分ほど弱めの中火で煮込む。

3 トマトを加えて1分加熱し、塩こうじとこしょうで味をととのえ、器に盛り、お好みで粒マスタードを添える。

115

リボン状に薄切りしたごぼうがシャキシャキ

ひらひらごぼうのスープ

野菜
1人分
約 **125**g

材料（2人分）

ごぼう（泥を落とす）……100g
にんじん……1/3本
チンゲン菜……100g
A｜味つきザーサイ……30g
　｜水……2カップ
　｜鶏ガラスープの素
　｜……小さじ1
オイスターソース……大さじ1

作り方

1 ごぼうはピーラーでスライスし、水でさっと洗う。にんじんもピーラーでスライスする。チンゲン菜の白い部分は縦に薄切りに、葉は大きめのざく切りにする。

2 鍋にごぼう、にんじん、Aを入れてひと煮立ちさせ、フタをして4分ほど煮込む。

3 火が通ったら、チンゲン菜とオイスターソースを入れて、味をととのえる。

コロコロした野菜がたくさん入った豚汁風

コロコロ野菜の味噌スープ

材料（2人分）

ごぼう（泥を落とす）
……150g
にんじん……2/3本
しいたけ……4個
豚バラ肉（薄切り）
……100g

ごま油……小さじ2
水……2と1/2カップ
味噌……大さじ2
しょうゆ……小さじ2
長ねぎ（小口切り）・
七味唐辛子……各適宜

野菜・きのこ
1人分
約 **155**g

作り方

1　ごぼうは1.5cm幅の輪切りにして、水でさっと洗う。にんじんとしいたけは1cm角に、豚肉は食べやすい大きさに切る。

2　鍋にごま油と豚肉を入れて炒め、色が変わってきたら、残りの1を入れて炒める。油が全体にまわったら、水を入れてひと煮立ちさせる。アクを取り、フタをしてそのまま8分ほど煮込む。

3　味噌を溶き入れ、しょうゆを入れて火を止める。器に盛り、お好みで長ねぎを散らし、七味をふる。

れんこん

ほのかな甘みとシャキッとした食感を活用します。
水にさらし、余計なでんぷんを落とすことで
スープのにごりをおさえられます。

サバのうまみが詰まったスープが格別

れんこんとサバのトマトスープ

材料（2人分）

れんこん……250g
にんにく……2かけ
サバ缶……1/2缶（100g）
サバ缶の汁……大さじ2
トマト缶（カット）……100g
オリーブオイル……小さじ2
輪切り唐辛子……適量
A｜水……2カップ
　｜白ワイン……大さじ2
塩……小さじ1/2弱
パセリ（ちぎる）……適宜

作り方

1 れんこんは皮をむき、ひと口大の乱切りにして、水でもみ洗いする。にんにくはみじん切りにする。

2 鍋にオリーブオイル、にんにく、唐辛子を入れて香りが出るまで炒める。サバ缶、サバ缶の汁、A、れんこんを入れて、フタをしてひと煮立ちさせ、弱めの中火で5分ほど煮込む。

3 トマト缶を入れて3分ほど煮込み、塩で味をととのえる。

4 器に盛り、お好みでパセリを散らす。

野菜
1人分
約 **185**g

れんこんと豆苗のあっさりスープ

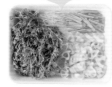

野菜
1人分
約 **155**g

材料（2人分）

れんこん……150g
豆苗……100g
にんじん……1/3 本
しょうが……1 かけ
A 水……2 カップ
　鶏ガラスープの素
　　　……小さじ 1
めんつゆ（2 倍濃縮）
　　　……大さじ 1
こしょう……少々
黒酢……適宜

作り方

1 れんこんは皮をむいて 1 ～ 1.5cm幅の
いちょう切りにする。豆苗は根元を
切って長さを半分に、にんじんは太め
の千切りに、しょうがは千切りにする。

2 鍋に A、豆苗以外の 1 を入れ、フタ
をしてひと煮立ちさせて弱めの中火
で 5 分煮込む。

3 豆苗を加えて、混ぜながらひと煮立
ちさせ、そのまま 2 分ほど煮込む。
めんつゆとこしょうで味をととのえ、
器に盛り、お好みで黒酢をかける。

れんこん

れんこんの食感のちがいが楽しめる

れんこんと豚のとろっとアジアンスープ

野菜
1人分
約 **125**g

材料（2人分）

れんこん……150g
豚バラ肉（薄切り）……100g
水……2カップ
A｜もやし……100g
　｜ナンプラー……小さじ2
　｜塩……小さじ1/4
　｜こしょう……少々
パクチー・レモン……各適宜

作り方

1 れんこんは皮をむき、3分の1をすりおろし、残りは1cm角に切って水でもみ洗いする。豚肉は食べやすい大きさに切る。

2 鍋に豚肉を入れて炒め、色が変わったら、1のれんこんと水を入れてフタをしてひと煮立ちさせ、そのまま5分ほど弱めの中火で煮込む。

3 Aを入れて1〜2分煮込み、味をととのえ、器に盛り、お好みでパクチーを散らし、レモンを添える。

さつまいものやさしい甘さがしみわたる

れんこんとさつまいもの味噌汁

野菜
1人分
約 **125**g

材料（2人分）

れんこん……250g
さつまいも……100g
水……2と1/2カップ
赤味噌……大さじ2強
粉チーズ・かいわれ菜
　　……各適宜

作り方

1 れんこんは皮をむいて 1 ～ 1.5cm幅の
　輪切りにし、さつまいもも同様に切
　り、ともに水でもみ洗いする。

2 鍋に水と 1 を入れてフタをしてひと
　煮立ちさせたら、ときどき混ぜなが
　ら 8 分ほど煮込む。

3 味噌を溶き入れて火を止める。器に
　盛り、お好みで粉チーズとかいわれ
　菜を添える。

ほっくりしたれんこんと鶏のうまみがホッとする

れんこんと鶏だんごのスープ

材料（2人分）

れんこん……200g
しょうが……2かけ
長ねぎ……1/2本
鶏ひき肉……100g
A｜片栗粉……小さじ1
　｜塩……小さじ1/4
　｜こしょう……少々

B｜水……2と1/2カップ
　｜和風だしの素
　｜　……小さじ1
しょうゆ……小さじ1
塩……小さじ1/3
ゆずこしょう……適量

野菜
1人分
約135g

作り方

1 れんこんは皮をむいて1〜1.5cm幅の半月切りにして、水でもみ洗いする。しょうがと長ねぎはみじん切りにする。

2 ボウルに鶏肉、しょうが、長ねぎ、Aを入れて、フォークで混ぜ合わせる。

3 鍋にBとれんこんを入れ、フタをしてひと煮立ちさせ、そのまま弱めの中火で4分ほど煮込む。2をスプーンでだんご状にして落とし、4分ほど煮込む。

4 しょうゆと塩で味をととのえて器に盛り、ゆずこしょうを添える。

だしのとり方

知っておくと便利なだしのとり方をご紹介します。だしを使ってスープを作ると、
だしのうまみと香りでスープがよりいっそう味わい深くなります。

一番だし

どんな素材のスープにも合う本格的なタイプ。
こんぶとかつおぶしのうまみがたっぷりの
上品でさわやかな風味です。

材料（作りやすい量）

かつおぶし……20g
こんぶ……2枚
水……5カップ

作り方

1

こんぶにはさみで数か所切り込みを
入れ、水を入れた鍋に入れて30分
ほどおく。

2

弱火で加熱をする。

3

ふつふつと泡が出てきたら、ねばり
が出る前に沸騰直前でこんぶを取り
出す。

4

中火にし沸騰したら、かつおぶしを
入れる。

5

ひと煮立ちさせ、アクを取りながら、
2分ほど加熱して火を止める。かつ
おぶしが鍋の底に沈むまで放置する。

6

ボウルに、さらしまたはキッチンペー
パーを敷いたザルをのせ、ゆっくり
こす。

お手軽だし

びんに入れておくだけ、湯を注ぐだけの2タイプ。
かんたんに用意でき、作っておくと重宝します。

耐熱びんに つけておく

材料 (作りやすい量)

かつおぶし……ひと握り（5g）
こんぶ……2枚
干ししいたけ……1個
湯……1カップ
水……4カップ

作り方

1 お茶パックに入れたかつおぶし、こんぶ、干ししいたけを耐熱びんに入れ、湯を注ぎ、1分放置する。

2 水を注いで冷蔵庫に入れる。1時間おいたら完成。冷蔵庫で3日間保存できる。

コーヒードリッパーで お湯を注ぐ

材料 (作りやすい量)

かつおぶし……ふた握り（10g）
湯……2と1/2カップ

作り方

1 コーヒーサーバーにドリッパーとフィルターをセットし、かつおぶしを入れる。

2 ゆっくりと上から湯を注ぐ。

にんじんや玉ねぎの皮、キャベツの芯などの野菜くずからだしをとります。
水の代わりにスープに使うと風味豊かに。

材料 (作りやすい量)

- - - - - - - - - - - - - - - - - - -

調理で出た野菜の皮やヘタなどの野菜くず
(野菜の種類は何でも OK)
　……ザル一杯分くらい
水……適量

作り方

- - - - - - - - - - -

❶
鍋に野菜くずを入れ、隠れるくらい
の水を入れて火にかける。

❷
沸騰したら弱火にして、10 分ほど煮
込んで火を止める。

❸
ボウルにザルをのせ、こしたら完成。

127

田村つぼみ

（たむらつぼみ）

料理家・栄養士・フードコーディネーター。短大卒業後、料理教室の講師を経て、料理研究家・浜内千波氏のもとでアシスタントとして修業後に独立。「毎日の"ふだんごはん"を無理せず楽しく健康に！」をモットーに、書籍や女性誌でのレシピ掲載を中心に活躍中。その他、飲食店や企業のメニュー開発、CM・TVのフードコーディネート、野菜や果物をベースとしたカフェ「fudangohan cafe」（東京・駒込）の運営など幅広く手がける。

http://www.tsubomi-t-cooking.com/

instagram：tsubomi_tamura

STAFF

調理アシスタント＊大竹好恵、矢澤美由紀
スタイリング＊田村つぼみ
撮影＊高橋宣仁（株式会社ヒゲ企画）
デザイン＊東條加代子
DTP＊株式会社RUHIA
編集協力＊梅森妙

かんたん！おいしい！
野菜をたっぷり食べるスープ

2021年7月9日　初版発行

著　者　田村つぼみ
発行者　近藤和弘
発行所　東京書店株式会社
　　　　〒113-0034
　　　　東京都文京区湯島3-12-1
　　　　ADEX BLDG. 2F
　　　　TEL：03-6284-4005　FAX：03-6284-4006
　　　　http://www.tokyoshoten.net
印刷・製本　株式会社光邦